PEURS ET NOUVELLES PERCEPTIONS

Anthony Loyacono

Editions Zelda

à Baby Dy

2001-2002

Les yeux fixés sur l'horizon,
Les cheveux au vent,
Je traverse l'orage noir des saisons,
L'esprit surchargé et le coeur méfiant.

Depuis ton départ,
Il y a bientôt deux ans,
Mes nuits sont cauchemars,
Mes jours angoissants.

Je voulais te contempler,
Je voulais t'enlever,
Te faire partager ces moments douteux
Pour que notre amour défie tous les dieux.

Les yeux de la trahison
Planent au-dessus de ma tête
Et j'attends dans le dôme des visions
Que l'on m'ouvre les portes de la fête.

Chroniques d'un étranger terrien
Qui se perd dans de laids sentiments.
Dehors il fait un temps de chien,
Un an est passé, je viens d'avoir vingt-trois ans.

Le mystérieux secret originel,
L'extase étoilée de la nuit,
Sans visage sans Rimmel,
Un mort qui aurait peur de passer dans l'oubli.

Pèlerin errant,
Ange de sagesse,
Il prit une cuite de mille ans,
Pour obtenir le népenthès.

Je suis l'unique caméléon !
Je peux accéder aux visions !

Sur un souffle de temps

Larmes de sang,
Prières éternelles perdues,
Peuple humain souffrant
Et tout cet amour déchu...

Ne te retourne pas,
Résiste à l'envie de la regarder,
Ne reviens pas sur tes pas
Car tu deviendrais son prisonnier.

Sur une minute volée au temps,
Il prit une forme à l'aspect de velours
Et sans demander pourquoi ni comment,
Il se laissa enivrer par ce doux et bel amour.

Nous avons appris la dépression dans le ventre de notre mère
porteuse.
Dès lors, chaque jour qui se lève nous apporte son voile
sombre
Et petit à petit tout se noirci, tout se gâche.

La nébuleuse qui hante nos esprits se renforce de jour en jour,
d'heure en heure.
Bientôt nous n'aurons plus la force de nous battre.
Peut-être devrions-nous rendre les armes dès maintenant ?
Peut-être que ce serait meilleur.

Profiter est bien facile
Dans ce monde sans orgueil.
Je marche la conscience tranquille,
Ce soir je dormirai seul.

Un corbeau sur une branche,
Dix mètres au-dessus du sol.
Un homme sur un balcon,
Esprit vidé, sentiments dissimulés.

En une seconde,
Regards croisés,
Pupilles dilatées,
Les âmes se confondent.

La vie ?
La mort ?
Et entre ?

Je vis sur cette frontière,
Entre les deux ennemies,
Dans ce no man's land où je puise mon envie
Et d'où je regarde ce petit monde se faire la guerre.

Voilà maintenant la pluie qui s'avance avec ses larmes argen-
tées.
Emmenez vos enfants à l'abri du règne sans fin,
Demain l'orage sera parti, je serai de retour.

Tout n'est qu'illusion

Aujourd'hui l'enfant est devenu humain.
Il mène une vie anonyme, ennuyeuse
Et quand il se réveille le matin,
Il sait que son âme est malheureuse.

Ainsi tout change, ainsi tout passe,
Ainsi nous-mêmes nous passons
Mais sans jamais laisser de traces.

J'ai beaucoup fumé,
J'ai beaucoup bu,
J'ai beaucoup aimé,
Je l'ai toujours pris dans le cul.

Jusqu'au bout de la laideur !
Oser l'ultime frayeur !
Pour devenir le pire des tas,
Merci ! Merci pour tout cela !

Combien de temps cela va-t-il encore durer ?

Depuis son apparition
Jusqu'à sa disparition,
L'homme a vécu dans la perversion.

Trop tard

Le vent balayera tes doutes
Et recomposera la symphonie de ta vie,
Pour que tu reprennes la route
Et que tes yeux oublient la pluie.

Ton dernier repaire,
Là où tu n'auras jamais froid,
C'est contre ma chaire
Et blottie dans mes bras.

Toi tu t'en vas,
Je sais je suis bête.
Tu me glisses entre les doigts,
C'est ça d'être poète.

Encore un verre, un verre de plus.
Qui pénétrera mon sang et m'apportera enfin cette liberté tant...
Oui ! Oui ! Cette liberté tant recherchée.
Grande liberté, peut-être inaccessible ?
Donc c'est pour cela que j'écris, pour vous libérer.
Bande d'humains ! Oui bande d'humains !
Que dire, que dire si ce n'est soupir.

Le pauvre petit vieillard

Il vit le long des trottoirs,
Essayant de chasser ses idées noires.
Il voudrait un peu d'amitié,
Ne serait-ce qu'une petite soirée.

Il a pour salon le hall de la gare,
De temps à autre les toilettes comme dortoir.
Il traverse les saisons sans dire un mot,
Seul et toujours son vieux manteau sur le dos.

Quelquefois on lui jette deux ou trois pièces
Mais l'argenterie et autres babioles ne l'intéressent pas.
Alors il continue comme si de rien n'était dans sa tristesse,
Lui il voudrait des sentiments mais les gens ne comprennent
pas.

Un jour on ne le verra plus traîner
Et tout le monde voudra savoir ce qu'il se sera passé.
Mais il sera désormais trop tard,
Il sera mort celui qu'on appelait le pauvre petit vieillard.

Les trottoirs appartiennent à tout le monde

On a tous un jour ou l'autre
Partagé notre chagrin avec un trottoir.
Que ce soit d'une façon ou d'une autre,
Ils nous ont toujours rattrapés dans le noir.

Ils ne seront jamais achetés
Par tout un tas de gens immondes
Car malheureusement pour les héritiers,
Les trottoirs appartiennent à tout le monde.

J'ai posé ma joue sur sa peau glacée,
De mes chaudes larmes j'ai baptisé ce nouveau reposoir
Et dans une cérémonie falsifiée,
Je me suis mis à imaginer et à croire.

Caméléon indétrônable

Donnez-moi de la pollution plein les poumons !
Donnez-moi vos attaques nucléaires !
Envoyez-moi vos milices pleines de bouffons
Et je vous montrerai mes colères.

La colombe crucifiée pourra-t-elle s'en sortir ?
La sentence fut cruelle mais juste.
On essaya pourtant maintes fois de la prévenir
Mais elle se crut forte et maintenant elle déguste.

L'impression de calme fut une longue illusion.

Aveux

Ô mon Dieu !
Viens-moi en aide.
Devant toi mes aveux,
C'est coupable que je plaide.

De n'avoir pas su m'opposer
Aux convoitises de mon cœur,
De m'être laissé enlever
Par ce péché de malheur.

Pardonne-moi cette faiblesse,
Apaise mon chagrin,
Ne me laisse pas dans la détresse
Et guide-moi sur le chemin.

Sèche les larmes de mes victimes,
Recolle les morceaux de leur cœur.
Permets-leur de reconquérir les cimes
Et loin de moi, vivre de meilleures heures.

Dans cet enfer devenu quotidien
Je porte désormais ma croix.
Le temps de l'euphorie est bien loin,
Faute de ne pas avoir su faire un choix.

Ô mon Dieu !
Viens-moi en aide.
Devant toi mes aveux,
C'est coupable que je plaide.

La céleste parade des amants

Elle dansait au milieu des enfants,
Le visage attendri et joyeux
Et d'un regard envoûtant,
Elle s'empara de mon âme de feu.

Son âme qui errait dans le ciel
Bondit aussitôt dans mon corps,
Qui devint terre d'accueil pour elle
Et pour moi une prison d'or.

La parade fut légendaire
Et nos âmes d'orphelins se consolèrent,
Elles étaient comme les amants au petit matin
Mais malheureusement le charme ne dura point.

Son âme une fois guérie,
Elle repartit conquérir de nouvelles terres
Et d'un haussement d'épaule,
Me renvoya à la poussière.

Manger,
Boire,
Les déchets augmentent,
Le ventre grossit.

Le reflet fait souffrir,
Le sourire disparaît,
A l'oeil de se remplir,
Le dégoût apparaît.

Une ballade américaine

Monstre volant de fer et d'acier,
Se jouant de l'océan d'un bond.
Tournant autour de sa proie persécutée,
Avant de plonger sur cette grande réserve de piétons.
Immobile, arrogante, menacée,
De là haut elle paraît vidée d'émotion.

Manhattan, berceau du billet vert.
Prends la cinquième et descends !
Fer à repasser, buildings dressés,
Tours de Babel à terre,
La ville est blessée
Mais continue car elle est fière.

Viens ! On va chez l'épicier
Se payer un tas de bières.
Eh ! Time Square tu dors ?
Il est minuit mon frère,
Viens ! Allons nous saouler.

L'Ouest lointain nous appelle…

Chaussette imbibée de sang,
La gangrène te guette, l'aventurier.
La honte et l'humiliation te rendront plus puissant,
Allez embarquons ! Il est temps de planer.

J'ai regardé par le hublot
Et la mort a souri.

Un bled perdu,
Une taverne éclairée,
Les yeux des sédentaires s'écarquillent,
Pescadéro vivante, le temps d'une soirée.

1/2

Aux aurores ils se réveillèrent,
Enfin l'Ouest se découvrait.
Voilà tes fils de retour sur leur terre,
Montre-leur la vie, la vraie.

Big Sur,
Rocher envoûtant,
Calme, silence, vent, verdure,
Bonne cuite Ti-Jean !
Tu es un grand.

2/2

Ballade pour une princesse

Les 747 volent au-dessus de ta tête,
Te montrant une fête dans le tourbillon de la tempête.
Toi tu voudrais voyager et t'évader,
Ne serait-ce que traverser la rue et rêver.

Tu n'aimes pas ta vie,
Tu lâches de faux sourires à tes amis,
Tu crois voir qu'en l'amour
Des hommes ivres qui te font la cour.

Mais un jour viendra
Où le gardien de ton âme arrivera,
Il t'enlèvera aux démons de tes nuits, à leur futilité
Et te dévoilera enfin une terre digne de ta pureté.

De ton regard de feu
Surgira une douleur incompréhensible,
Vous serez désormais deux
Dans ce monde impossible.

Un matin d'automne,
Au lever du jour.
C'est triste et monotone,
Comme la fin d'un amour.

Trois étapes :

Le début, la fin, la renaissance.
Monstre des villes au visage démoniaque et sinueux,
Sors de l'antre maudite et va vomir un monde auquel tu n'ap-
partiens pas !

Ô douce rêverie du matin qui déploie ses ailes dans un horizon
de rosée,
J'ai posé ma joue froide sur sa peau et le jour est venu.

Mah woo

Elle vit entourée d'amour,
Une petite fille belle comme le jour,
Elle a un sourire envoûtant,
Je me noie en la regardant.

Un petit balcon bien fleuri,
C'est ici qu'elle jardine sa vie.
Elle a un tas de secrets,
Qu'elle garde au fond d'une grande forêt.

Le buveur inconnu

Etranger à la liesse
Je me faufile inaperçu,
En quête d'ivresse
Et de peurs inconnues.

Chansons obscures dans les bars,
Vis dans un monde bizarre,
Mes mots ne sont pas absolus,
Il y a bien mieux que moi dans les rues.

Pastis au frais,
Chemin à moitié fait.
Dans mes poches plus un kopeck,
Faut se rendre à l'évidence je suis à sec.

A ta santé l'ivrogne !
Toi qui sur le comptoir, affalé,
Pues l'alcool et quelquefois grognes,
Tu es depuis longtemps passé de l'autre côté.

Boire est néfaste ?
Mais vivre tue !
Prenons un billet pour Belfast
Et allons traîner dans les rues.

Tes yeux et ta tête étoilés
Trahissent le poison qui est en toi,
Mon ami tu es bourré crois-moi,
Tes doutes et soucis se sont envolés.

Genèse

Je suis le fruit d'une nuit de passion
Entre le grand vent et la douce lune,
Je suis l'unique caméléon,
Résultat d'une osmose nocturne.

Une nuit platonique qui déchira les éléments,
Renversa les sept coupes du courroux
Et redonna l'espoir à tous les souffrants
Qui virent des rayons de lumière jaillirent de partout.

L'ultime colère viendra des portes de la perception !
C'est par là que passent les insoumis.
L'ultime colère viendra des portes de la perception !
Car c'est ici que mes visions prennent vie.

La flamme de l'espoir enfin rallumée,
Ils décidèrent de se réunir pour former un cercle d'énergie.
Forme de puissance spirituelle où les esprits furent mélangés
Afin de ne former qu'une seule force contenant toutes ces
âmes meurtries.

Ils ont l'argent, les armes et les lois,
Nous avons la peinture, la musique et la poésie.
Peu importe le temps que notre quête prendra,
Avec cette force le caméléon leur donnera la folie.

L'ultime colère viendra des portes de la perception !
C'est par là que passent les insoumis.
L'ultime colère viendra des portes de la perception !
Car c'est ici que mes visions prennent vie.

Le poète des temps modernes

Plus question de flâner au bord d'un ruisseau,
Plus question de trinquer dans les tavernes,
Il doit pointer à l'heure au boulot,
C'est ça le poète des temps modernes.

Aucun soutien pour ses mots,
Aucun soutien pour ses rêveries,
Le jour il porte un masque et courbe le dos
Et enfin le soir, il peut vivre sa vie.

Quand je pense à cela je n'ai qu'une envie; être saoul.
Jack, Arthur et autres gens de la ronde,
Il est loin le temps mes amis où avec trois sous,
Vous voyagiez, viviez et refaisiez le monde.

Dures années pour le poète et ses textes.
Il devra courir pour rattraper le temps gâché
Mais peu importe les embûches et les prétextes,
Son œuvre et sa passion finiront par briller.

Le jour où ma dépression sera terminée,
Ce sera le jour où je serai enterré.

La vie est souffrance,
La souffrance est désir,
Renoncer aux désirs,
Stoppe la souffrance.

Balade nocturne

Mon ami poète et moi sommes allés à la gare.
Gare Cornavin, gare du destin.
Le quai numéro un
Nous a dit de prendre ce train.
Alors nous avons pris ce malin
Pour aller jusqu'à l'inconnu,
L'inconnu des perdus... Oui !
Mon ami et moi sommes de mauvais garçons
Avec des bonnets et pas de lacets.

La fuite des amants

Un soir de printemps,
Seul face à la feuille,
Je regarde le soleil couchant
Et ressens un grand deuil.

Un couple le long des quais,
Mains unies se balade.
Je vois cet amour qui naît,
Témoin anonyme d'un moment maussade.

Une petite barque fuit le port,
Emportant avec elle vers le large
Deux amants proches de la mort,
Tentant d'échapper à leurs charges.

Elle lui prit la main,
Il la caressa avec tact,
Ils partagèrent un peu de vin
Et d'un baiser conclurent leur pacte.

Mont Goa

Ne rien attendre,
Rejoins le magique Bouddha
Caché dans son antre,
Sommet du Mont Goa.

Par la voie Loyak,
Ligne droite abrupte,
En guise de croix un sac,
Dans la tête ton but.

Sanctuaire de fortune,
Au centre un feu,
Incantations à la lune,
Un peu plus près des dieux.

Vision décuplée,
Symbiose avec les chênes,
Puissance du LSD,
Plus jamais de blasphèmes.

Au matin un sacrifice,
Qu'importe le reste,
Les yeux en éclipse,
Je suis un clochard céleste.

Dans mon lit

Dans mon lit
Ledit méchant,
Ledit folie,
Ledit perdant.

Pourtant si présent,
Pourtant si différent,
Tellement envoûtant,
Telle la fougue d'un enfant.

C'est lui,
Le seul, mon ami,
Celui qui nie
Que nos avenirs sont unis.

Baby Dy

Ton nom est Zelda
Mais on t'appelle Baby,
Depuis sept ans déjà,
Chaque soir tu squattes mon lit.

Ma main sur tes petites fesses,
Le doux rythme de tes ronflements
Evacue angoisses et stress,
Je m'endors paisiblement.

Quand au réveil je me lève,
Délicatement je te couvre.
Allongée sur le dos tu rêves,
Néanmoins d'un soupir tu approuves.

Gardienne de mes songes,
Amour de ma vie,
Dans tes yeux je me plonge
Et aussitôt souris.

Puis soudain tu t'enfuis !
D'un oeil je te guette,
En riant je te poursuis,
Tu m'as volé une chaussette.

Moments authentiques,
Nos regards envoûtants,
Connexion unique
Entre deux êtres vivants.

Mais dans ce monde sans saveur,
Je le sais, je le vois,
Pour un moment de bonheur,
Cent fois tu le paieras.

1/2

Condamnation et maladie
Annoncent de sombres heures,
Tu as le sang qui pourrit,
Je suis rongé par la peur.

Une après-midi radieuse de dimanche,
Remplie de rires, câlins et jeux.
Peut-être y aurait-il une chance ?
Aujourd'hui nous avons vaincu les dieux.

Je savoure cette journée en or
En fermant doucement les paupières,
Je ne le sais pas encore
Mais ce sera la dernière.

C'est blottie contre moi
Qu'au matin tu es partie,
Ton nom est Zelda
Mais on t'appelle Baby.

2/2

Premiers bourgeons,
La nature se réveille.
L'enfant joue un peu plus longtemps.

Déesse éternelle

Inspiration divine,
Tu vas et tu viens
Mais sans jamais trouver le chemin.

Je t'appelle, je te cherche
Mais toi tu es comme une vierge,
Enivrante, fragile et pourtant imprenable.

Tu es ma déesse,
Je suis ton serviteur
Et ensemble nous goûterons à l'ivresse.

Tu es éternelle,
Devant tant de puissance,
Je ne suis qu'un pauvre et insignifiant mortel.

Un cri dans la nuit

Plongé dans la belle nuit qui cache les défauts de cette terre,
J'esquisse un geste vers le ciel en quête de réel.
Les cheveux balayés par le vent père,
J'éprouve un sentiment de liberté éternelle.

Le dégoût et le mépris du monde humain m'ont tout enlevé,
Si bien que de sentir le vent dans mes cheveux me suffit am-
plement.
Pour qui ? Pourquoi crions-nous ? Monde insensé,
Combat inutile, mort de l'enfant.

Peut-être est-ce cela la subtile réalité ?
Peut-être est-ce cela la chose tant voulue ?
Un être dans la nuit haut perché,
Cheveux au vent croyant qu'il est perdu.

Il revient doucement à la nature
Et son esprit peut voguer parmi les étoiles,
La tempête amène son lot d'aventures,
Le but est proche, sortez les voiles !

La musique est éphémère,
Seule la poésie est éternelle,
Dépourvue d'adversaire,
Dieu qu'elle est belle.

Reviens

Dans la lucarne de la nuit sombre,
Tu t'es enfuie de ma vie.
J'irai chercher dans l'obscurité de ton ombre,
Espérant en vain croiser ton envie.

Tu as disparu,
Enterré ton chagrin,
Mis mon cœur à la rue,
Mon âme au destin.

Cette fille n'est plus là,
Mon cœur l'a rejetée,
Reviens de l'au-delà,
Dans mes bras te reposer.

A toi

Envie du cœur,
Trahison du corps,
Moment d'horreur
Dans la douceur de l'aurore.

Le gouffre de mes pensées
Au parfum de ta peau,
S'est soudain dévoilé
Et m'a donné les mots.

Le partage de tes nuits,
De tes rêves, de tes envies,
Nous projette sur les ailes du temps
Et rend notre frisson plus puissant.

Que les épreuves se passent,
Que les larmes viennent.
Rien ni personne ne me tracasse,
Je sais que ton âme est mienne.

Est-ce la mort qui t'attire ?
Ou alors est-ce toi qui attires la mort ?

Soupir

Pourquoi dois-je vivre ?
Pourquoi suis-je obligé d'exister ?
J'aimerais tant ne jamais devoir être ivre,
Ne jamais être né.

Chaque jour est un long supplice.
Pourquoi moi, pourquoi cette souffrance ?
Pourquoi être un homme et avoir ses vices ?
Il n'y eut qu'une période acceptable; l'enfance.

Aujourd'hui je suis accablé mais personne ne le voit.
Laissez-moi pleurer les larmes de l'avenir !
Désormais ma seule parole sensée est ; bois !
Après ça que vais-je devenir ?

Mieux vaut aller dormir,
Oublier ces tristes paroles.
Pour que demain peut-être je puisse sourire
Et espérons oublier tout cet alcool.

Rien ne vaut d'être vécu,
Tout n'est que mensonge et haine
Car dans ce monde perdu,
Seul le rêve peut nourrir mes veines.

Deux enceintes,
Une voix survole le temps.
Le monde pleure sa souffrance.

Le ballet des scalpels

Le temps est venu de dire stop,
Le temps est venu de briser les miroirs.
De ne plus laisser les scalpels du noir,
Charcuter les visages et les corps pour ressembler aux tops.

Esprits pollués par les médias et leur fric.
Plus de musique libre, plus de vrais artistes mais juste du fabriqué
Qui durera trois couplets lamentables et quelques larmes pour le chic,
Mais le moment est venu de dénoncer.

Petite fille du haut de tes 15 ans
Tu regardais chaque soir les télés-réalités,
Ébahie et endoctrinée par le petit écran
En croyant que le talent était lié à la beauté.

Puis au fil de tes printemps,
A force de feuilleter les magazines de stars,
Tu t'es convaincue que pour devenir quelqu'un de grand,
Tu devais absolument passer sur le billiard.

Tu as décroché deux ou trois promotions
En passant par les mains et le canapé du patron.
Ton rêves s'est exaucé, te voilà la star des réunions.
Pas de concert, pas de télé, pas de paillettes,
Toi, ton travail c'est se taire avec perfectionnement
sucette.

Le temps est venu de dire stop,
Le temps est venu de briser les miroirs.
De ne plus laisser les scalpels du noir,
Charcuter les visages et les corps pour ressembler aux tops.

Pardon

L'heure est arrivée
De se tromper,
De se déchirer,
De se tuer.

Je l'ai fait,
Tu l'as fait,
On est fais,
Il reste des regrets.

Assumons,
Oublions,
Reconstruisons,
Rédemption.

La rose et le poète

La rose et le poète s'en sont allés
A travers la belle nuit étoilée,
Ils sont partis las des gens,
Accompagnés de leur vieil ami le vent.

Ils ont marché jusqu'à la grille,
Traversé l'herbe verte du jardin,
Puis ils rencontrèrent l'ultime fille
Qui les attendait dans sa longue robe de satin.

Elle prit la rose de sa douce main,
L'accrocha dans ses bruns et longs cheveux
Et montra au petit poète la suite du chemin
En penchant la tête et en clignant des yeux.

Nous allons fermer nos yeux
Et nos âmes danseront dans la douce brume de nos rêves...
Telle une tranquille procession.

52

Un ange

Quel est ce pauvre enfant qui agonise en pleurant ?
Il est allongé dans la rue, recouvert de sang,
Son cœur frappe ses derniers coups
Et soudain se ferment ses yeux.

Une lumière vient le libérer
Et son âme peut enfin s'envoler.
Il est désormais sauvé
Et il peut maintenant oublier son triste passé.

Le regard noir de ses parents sera bientôt effacé
Et sa vie de martyr, il peut enfin l'enterrer.
Il est légèreté
Et on peut voir sur son visage un sourire qui le rend soulagé.

De l'innocence aux visions

Le petit étang du jardin s'assèche,
Le trait de crayon s'efface,
Dans la brise virevolte cette mèche
Et au fond du jardin, le chien se prélasse.

Je regarde passivement les sapins tremblants.
Ces endroits où jadis je jouais,
Où les pleurs et les rires se mélangèrent pendant vingt ans,
Ce fut ici, dans cette grande maison où le temps se figeait.

Que le chemin fut long !
De l'enfant aux cheveux blonds,
De l'innocence aux visions,
Que le chemin fut long !

Les étés étaient chauds et beaux,
Les pique-niques se succédaient,
En hiver on faisait de gros gâteaux
Et la vie paisiblement passait.

Le temps de l'enfance est perdu maintenant.
Je jette un dernier coup d'oeil sur le parvis
Et je referme le portail mourant.
Ce fut ici, ce fut ma vie, ce fut l'oubli.

Que le chemin fut long !
De l'enfant aux cheveux blonds,
De l'innocence aux visions,
Que le chemin fut long !

Renaissance

Durant la nuit où le ciel était en feu,
Une comète blanche traversa la cité.
Elle était chevauchée par le caméléon venu des cieux
Et pénétrait à vive allure la foule effrayée.

De partout venaient des hurlements,
La panique venait de s'installer,
Le chemin était sans issue et pourtant
Le caméléon avança conscient de ce qui allait arriver.

La comète s'immobilisa lentement,
Les justiciers pathétiques emmenèrent le grand sage,
La société réclamait son jugement
Et les petits shérifs aux casquettes bleues le mirent en cage.

Ainsi s'acheva la folle nuit où le ciel était en feu.
Ne pouvant malheureusement pas le tuer,
Ils décidèrent de le rendre aux malheureux
Et une fois la cage ouverte, le caméléon reprit sa liberté.

Dans ce malheur il y eut quelque chose de malin.
Le caméléon a retrouvé son inspiration ainsi que ses esprits,
Il est plus fort que jamais, il a repris le chemin
Et dans la profondeur de la nuit, on l'entend qui rit.

Passagers de la tourmente

Les légendes portées par le vent au-delà des frontières
Ravivent en nous l'espoir d'un jour meilleur.
Nous avons pris le risque de quitter nos terres,
De tout laisser sur place et d'affronter nos peurs.

Avant de découvrir cet avenir incertain
Qui se déroule devant nous tel un serpent,
Une dernière fois ma terre et mon vin
Pour que mes yeux gardent toujours ce regard d'enfant.

Le temps passe si vite
Et la maladie me gagne.
Les passagers de la tourmente font leur rite,
Verrais-je ma nouvelle campagne ?

La marée blanche s'avance sur la lune,
Effaçant sur son passage le chemin des étoiles.
Les regards se perdent dans un champ de dunes
Alors que le néant petit à petit se dévoile.

Un mur en mouvement se rapproche.
A bord les cris déchirent l'atmosphère
Avant que le silence nous prenne dans sa poche,
C'est fini, nous ne reverrons pas nos terres.

Une dernière manche
Dans la profondeur des abîmes,
L'océan a pris sa revanche,
Ce fut la dernière chose que nous vîmes.

Miroir de l'obsession

Chaque matin en me levant,
Je me regarde dans la glace.
Devant mes yeux d'éternel perdant,
Un inconnu a désormais pris ma place.

Devant une telle vision,
Comment pourrais-je être heureux ?
Où sont passées ces années de perdition
Qui m'accompagnaient et me rendaient moins peureux ?

Miroir de l'obsession, miroir de la raison !
Tu me juges, tu me tortures
Mais tu es le seul à recevoir mes confessions.

Qu'est devenu le jeune garçon d'autrefois ?
Lui à qui la vie avait donné des atouts.
Car maintenant tout ce que je vois,
C'est un être dépourvu de tout.

Je fus, je serai, mais jamais je ne suis.
Quand bien même je ne représenterais rien,
Je possède en moi ce que les humains ont fui.

Miroir de l'obsession, miroir de la raison !
Tu me juges, tu me tortures
Mais tu es le seul à recevoir mes confessions.

De ma fenêtre

Marécages boueux,
Pluies acides,
Politiciens véreux,
Police stupide.

Rues détrempées,
Immeubles tremblants,
Gens déprimés,
Enfants pleurant.

Ciel mourant,
Terre brûlée,
Monde terrifiant,
Etoiles asphyxiées.

Ma ville,
Le monde,
Débile,
Immonde.

Grand théoricien de la liberté
S'allaitant au sein de la société,
Tu penses dans tes paroles détenir la vérité
Mais parmi les moutons tu es le chef de lignée.

Alcool, folie, détresse,
Enfin tout quoi.
Allons jusqu'au bout !

Je vomis un monde auquel je n'appartiens pas !

Je suis comme le bateau à qui on a coupé les amarres et qui dérive doucement vers le large.
Bientôt on ne verra plus qu'un petit point à l'horizon et la seconde d'après plus rien,
J'aurai disparu.

Quand la mort devient réalité accessible
Et que la vie devient perte visible,
C'est là que se lève le voile que sont les bibles
Pour laisser apparaître les rêves que l'on croyait inaccessibles.

Frères et sœurs d'un monde cruel
Ô enfants des étoiles !
Quittons la lumière de la cité pour nous perdre dans la belle et
longue nuit !

A jamais.

L'inspiration et la mélancolie m'envahissent à nouveau
Et le papier peut enfin se noircir.

La vie ? La mort ?

Ces deux mots résonnent dans nos têtes comme les paroles du prêtre dans celles de ses fidèles.

Peur sur la cité

Espoir embourbé,
Horizon bouché,
Rêve de liberté,
Peur sur la cité.

Folie dépravée,
Cuite toute la journée,
C'est pour l'éternité,
Peur sur la cité.

Comme un chien apeuré,
Tu cours vers la jetée,
Ta chance est passée,
Peur sur la cité.

Le sang peut bien couler,
Les enfants tous pleurer,
C'est la fin de l'été,
Peur sur la cité.

Fillette peux-tu rêver ?
Laisse tes envies te guider,
Le monde est à ta portée,
Peur sur la cité.

Espoir embourbé,
Horizon bouché,
Rêve de liberté,
Peur sur la cité.

Hésitations

Que m'attend-il dans la direction que je ne prends pas ?
La faim ? Le froid ?
L'art est court, la vie est longue,
Alors qu'attend-on pour sonner le gong ?

On attend d'arriver à quarante ans,
Séché, le ventre en avant,
Croyant que l'on est unique et différent
Mais en réalité plein de regrets entre les dents.

Chaque heure nous blesse
Mais la dernière tue.
Notre plus grande faiblesse ?
Croire que la mort ne nous a pas vus.

Sentir un jour le retour,
J'ai perdu mon amour,
Pourquoi cela arrive-t-il à moi ?
Je crois que je ne la reverrai pas.

Elle voulait fuir,
Je la fis danser.
J'aurais voulu lui dire,
Mais elle s'en est allée.

Je t'en remets au vent,
Garde-moi dans ton coeur,
Mes yeux se ferment lentement,
Voilà venue mon heure.

Dernière chance

Les rêves sont devenus noirs,
Les forêts célestes se sont raréfiées,
Le futur s'est transformé en abattoir
Et les sabres chinois commencent à s'aiguiser.

Tu te réveilles en sursaut chaque nuit,
Ton oreiller souillé par tes larmes.
Encore un de tes rêves maudits
Qui t'a conduit dans un de tes drames.

Viens je t'offre une chance de partir,
Une chance de revivre,
Loin de tes déboires
Mais surtout loin de tes cauchemars.

Ton cœur supplie ton esprit
Pour qu'enfin cela s'arrête,
Que tout redevienne moins gris,
Que son visage, plus jamais ne se reflète.

Le brouillard avance lentement,
Engloutissant sur son passage la ville
Qui n'esquisse pas le moindre geste
Et se rend d'une manière subtile.

Viens je t'offre une chance de partir
Une chance de revivre,
Loin de tes déboires
Mais surtout loin de tes cauchemars.

Plus jamais

Ne plus jamais être heureux,
Ne plus jamais sourire,
Ne plus jamais être peureux,
Ne plus jamais rire.

Oublier les amis,
Oublier les parents,
Achever sa vie,
Et rejoindre le vent.

La soirée des fantômes

Entendez-vous cette musique ?
C'est la danse des fantômes.
Ils sont venus de leur monde antique,
Pour vous mon père, vous ma mère et vous mes mômes.

Je les ai invités à mon dîner funèbre
Car aujourd'hui c'est le début de la sentence.
Les morts ont pris le chemin des ténèbres,
Que la fête commence !

Ce sont les fantômes de mon esprit
Et ils apportent la vérité.
Ce sont les fantômes de mon esprit
Et ils planent sur l'humanité.

Leurs rires résonnent à travers les temps,
Les portes se sont ouvertes,
Leurs ombres envahissent les rues lentement,
C'est enfin l'heure de votre perte.

Vous avez humilié, vous avez rigolé, maintenant tremblez !

Ce sont les fantômes de mon esprit
Et ils apportent la vérité.
Ce sont les fantômes de mon esprit
Et ils planent sur l'humanité.

Toute vie est souffrance

Je regarde les lumières,
Moi assis dans ce bar,
Qui écoute mes prières,
Venues de ce trou noir ?

Face à moi dans un fauteuil,
Deux couples enlacés.
Ils s'embrassent et rigolent,
Rien ne semble les perturber.

Elle pose sa tête sur son épaule,
Il lui caresse les cheveux,
Ils jouent là leur plus grand rôle,
Que c'est bon d'être amoureux.

Et pendant qu'eux s'amusent,
Je suis là, seul comme un con !
Où est donc passée ma muse ?
Loin de moi, vers d'autres horizons !

Dans l'ultime colère,
Dans l'ultime folie,
Je pleure misère,
Qui sera mon ami ?

Impossible de fermer les yeux,
Impossible de penser à autre chose,
Le temps vient de faire ses aveux
Et la nuit se régale de mes proses.

Allongé au sol tel un soldat,
Il attend cet espoir en vain,
La porte ne s'ouvrira pas,
Malheureusement elle ne viendra point.

Quand le caméléon changera de couleur,
La ville sera alors plongée dans un soudain brouillard.
Peuple ! Entends-tu les cris de la nuit ?
Sauras-tu les voir et non les écouter ?

Que ceux qui se sentent enivrés viennent m'écouter,
Les curieux et les humains ne seront pas conviés.

Change tout ça !

Nous sommes les jouets des dieux
Dans un monde de plastique,
Croyant que le ciel est bleu
Et que le bonheur est authentique.

Change tout ça !
Libère le serpent qui est en toi !
Permets-lui de s'enfuir,
Pour que tu puisses enfin partir.

Nous ressemblons à des lézards assoiffés
Tournant en rond dans un vivarium trop étroit,
Attendant que l'eau soit changée
Et que le sang devienne froid.

Change tout ça !
Libère le serpent qui est en toi !
Permets-lui de s'enfuir
Pour que tu puisses enfin partir.

Notre vie sera triste et pleine de regrets,
Nous passerons notre temps à courir
Après des choses que nous n'aurons jamais
Et nous retiendrons uniquement que vivre c'est mourir.

Change tout ça !
Libère le serpent qui est en toi !
Permets-lui de s'enfuir
Pour que tu puisses enfin partir.

Succomber ou rêver

Quand je voyais mes amis demander du travail,
Quand je les voyais rêver d'idéaux,
Quand je repense à nos nombreuses batailles,
Remplies d'alcool et de gens inégaux.

Je voulais partir, je voulais mourir,
Etre un souffle et pouvoir s'enfuir
Mais plus que tout partir.

Je voulais voir derrière les apparences,
Croyant qu'au-delà des montagnes s'étendait une terre
promise
Où je trouverais encore des gens prêts à oublier leurs
croyances
Et des cités combattant pour ne pas être soumises.

Mais au delà de cette ville,
Il y a encore et toujours les mêmes clones
Qui portent leur âme sur leur visage et qui se disent civils
En cachant dans des bunkers les sans abris qui font l'aumône.

Les mots sont des fenêtres par lesquelles s'échappent les
opprimés
Mais dans ce monde dirigé par de grosses ordures,
On s'active à tout détruire et on ne cesse de construire des
murs
Pour essayer de contenir le nombre croissant d'éclairés.

Si le sommeil est le jumeau de la mort,
Alors tuez-moi sur-le-champ, allez !
Envoyez-moi dans l'autre royaume sans remords
Car si ici il n'y a plus de place pour combattre, là bas il y en a
pour espérer.

Replay, replay, replay

Les soirées les plus sombres
Dans les pubs remplis d'ombres,
J'me fais écraser les pieds
En me commandant une Despé.

Le bruit du jeu de fléchettes
Mélangé à celui des canettes,
Commence vraiment à m'énerver,
Je vais pas tarder à me tirer.

Mon imagination se joue de tous ces moutons,
Tout s'effrite autour de moi comme du charbon.
Ma destination ?
C'est le cosmos et ses visions.

La bière et le mégot fumant,
Je m'évade doucement.
Je ne suis plus avec vous,
Je survole enfin ce trou.

Oiseau de feu

Oiseau de feu,
Oiseau de feu,
Que fais-tu donc ici ?

Pourquoi as-tu quitté la réalité pour la folie ?
Tu as rejoint le sanctuaire sacré
Et tu aimerais pouvoir y rester.
Regarde autour de toi, regarde
Et dis moi ce que tu en gardes.

Oiseau de feu,
Oiseau de feu,
Que fais-tu donc là ?

Qu'attends-tu de moi ?
Qu'espères-tu trouver dans ma maison ?
Ici tu ne pourras que perdre la raison.
Alors tes ailes cesseront de bouger
Car en restant ici tu deviendras prisonnier.

Oiseau de feu,
Oiseau de feu,
Pourquoi ne m'écoutes-tu pas ?

Crois-moi retourne sur tes pas.
Ferme les yeux et vole le plus loin possible.
Ne cherche pas à revenir car tu seras alors une cible.
Oublie le chemin qui t'a conduit jusqu'aux humains
Car désormais tu sais que c'est le chemin du chagrin.

Je suis volonté de puissance dans ce monde qui n'a plus d'âmes
sauvages !

Entre bonheur et folie
Il n'y a qu'un pas,
Bien qu'elle soit dans mon lit,
Le mal est pourtant là.

L'éternel cycle des jours,
Telle la souffrance d'un amant,
Renforce tout cet amour,
Je crois qu'elle me ment.

Succomber à d'autres sourires
Et me laisser charmer par leur voix ?
Car comme elles aiment à me dire,
Elle ne me mérite pas.

Si sa vie est remplie de doutes éphémères,
Son coeur définitivement m'appartient.
De mes enfants, un jour elle sera la mère,
Rien ne pourra nous séparer en chemin.

La tendresse de nos corps enlacés,
Contre le monde c'est elle et moi.
Il n'y a qu'elle qui le sait,
Cette fille est faite pour moi.

19h33

Voilà une heure que le car roule…
Après quelques bières, je me sens enfin libéré d'un gros poids.
L'inconnu tant rêvé se déroule devant moi et au bout du che-
min :
L'alcool, la poésie et la folie.

Je suis poète et à mille lieues d'ici.
Je n'ai d'yeux que pour les pages d'un recueil,
Homme de mots, ivrogne, qu'importe !
Lundi matin je serai debout.

L'odyssée du caméléon

La route passait à travers le désert,
Longue comme la sarbacane de l'indien.
C'est là que je me suis perdu,
C'est là que j'ai quitté le chemin.

Dunes de sable à perte de vue,
Fortes comme les vagues de l'océan.
Elles ressemblent à mes rues,
Elles me mèneront au néant.

Le vent soufflé par le sage
Ressemble étrangement au cri du loup.
Il efface lentement mon passage
Et me guide vers le grand trou.

Marchant dans le désert, perdu,
J'ai eu accès à l'élévation.
Le chaman m'a enfin vu
Et il veut partager sa vision.

Regarde le grand trou !
Oseras-tu faire le pas ?
Ou alors resteras-tu dans le flou ?
Ne sois pas si lâche et va !

Mais s'il décèle de la peur,
Tu tomberas dans l'infinie profondeur.
Mais si tu ne trembles pas,
Alors à ses côtés tu marcheras.

Je marcherai toujours seul

L'antique et grand papillon bleu
N'est plus dans le profond de tes yeux
Mais il sera certainement présent
Lors de notre désengagement.

Je marcherai toujours seul,
Je marcherai toujours seul,
Tout le long du chemin je serai seul.

Le moment est venu de se quitter,
Même si on a pris du bon temps à deux,
Cette comédie doit maintenant s'arrêter,
Retournons à nos fantasmatiques jeux !

Je marcherai toujours seul,
Je marcherai toujours seul,
Tout le long du chemin je serai seul.

Poison d'or

Une ultime folie
Ramène cette fille
Dans cet immense puits
Qu'est devenue ma vie.

Un verre rempli de larmes,
Renversé sur un cahier,
Suffit à faire resurgir les armes
Et à ressusciter les démons du passé.

Les siècles sont à toi,
Le monde est ta patrie,
Tu renies croyances et foi
Et combats les rails de la vie.

Un regard figé sur du papier glace,
Un instant de l'existence capturé
Qui a trouvé sur la table de chevet sa place,
L'aiguille a tourné, j'ai aimé.

Souffle grand vent !

Souffle ! Souffle grand vent !
Les bateaux tanguent dans le port !
Attachés solidement à leurs pontons comme des enfants,
Je les vois qui se déhanchent en espérant briser leurs chaînes
d'or.

Ils sont comme le loup en captivité à l'approche de la lune,
Ressentant l'inexorable besoin d'hurler sa douleur en haut
d'une dune.
Leur instinct les pousse à aller au large, à se laisser emporter
par les flots
Et je les vois qui me regardent en suppliant de longs sanglots.

Petit bateau à la coque fragile, tu ne sortiras pas en mer au-
jourd'hui.
Seuls les gros monstres de fer solitaires peuvent affronter les
rugissements des profondeurs.

Souffle ! Souffle grand vent !

Le culte du chaman

Quand la lune sera en train de planer,
Le chaman aura une vision.
Alors toute la tribu sera sauvée
Et le vin nouveau coulera dans les maisons.

Il nous rapportera la vérité
Et libérera les âmes prisonnières.
Les portes de la perception seront enfin nettoyées
Et désormais le ciel n'aura plus de frontières.

Nos esprits et nos corps danseront dans le vent...
Les dieux seront tous punis
Et nous les regarderons mourir en riant,
Ainsi en a décidé le chaman de la nuit.

Le sourire

Le sourire est la plus pure des expressions
Et le voir naître sur ton visage,
N'est heureusement pas qu'une explication
Mais un doux et envoûtant présage.

Allô ? Allô ?
Nouvelle soirée,
Soirée dédiée à mon avenir...
Avenir inconscient du subconscient.

Rituel spirituel

Lors de sa mutation
Le caméléon fait naître une soudaine panique.
La foule désemparée se retrouve dès lors sans nom
Et tout espoir de fuite devient apocalyptique.

Le couloir qui mène aux portes est long,
Il est sinueux et fait peur aux moutons,
Il traverse le désert en formant de grands virages
Et se faufile entre les dunes en se cachant derrière les mirages.

Comment pourrais-je participer à la course qu'est la vie
Alors que je n'ai pas encore trouvé la ligne de départ ?
Mais ai-je vraiment envie de participer à cette comédie ?
Non je ne crois pas et de toute façon il est désormais trop tard.

Réalité matinale

Etouffant ici depuis des années,
J'avais décidé de partir pour m'élever.
Je rêvais tellement de liberté,
Qu'un jour je les ai tous tués.

Un nouveau jour s'est levé,
Plus triste et plus périmé qu'hier.
Finis les rêves et ses damnés,
Voici l'éternel matin rempli de misère.

On a rien le droit de dire !
On a rien le droit de faire !
On devrait juste subir
Et toujours se taire ?

Les murs sont devenus noirs,
Les rues se sont vidées,
Tout le monde vit dans le désespoir
Et les bars sont tous fermés.

C'est la suite du voyage,
Le deuxième acte de la cérémonie,
Le caméléon a traversé les âges
Et a pénétré le silence de vos esprits.

On a rien le droit de dire !
On a rien le droit de faire !
On devrait juste subir
Et toujours se taire ?

Patience

Aussi longtemps que le chemin sera ennuyeux,
Je protégerai que mes vides yeux.
J'irai me cacher dans la plus profonde des grottes
Afin d'oublier vos vies idiotes.

Mais quand viendra le moment de ma résurrection,
Je remonterai à la surface pour vous initier.
Alors je répandrai partout mes visions
Et soudain vous vous transcenderez.

Nous danserons, chanterons votre libération
Comme au temps du grand Dionysos,
Nous réapprendrons nos sens ainsi que la perception
Et nos âmes soulagées seront en osmoses.

Patience, le moment arrivera bientôt
De vous enlever ce pénible fardeau.
Continuez dans votre combat périlleux,
Je rentrerai sous peu et nous serons heureux.

Quand tu dors

La vie continue dehors,
La peur revient encore,
Le silence devient or,
Quand tu dors.

L'ouvrier lave son corps,
Les bus transportent les morts,
Elle revient l'aurore,
Quand tu dors.

L'éternité est logée dans le stylo,
A l'intérieur de ses entrailles,
C'est là que se trouve le fluide
Qui laisse la trace d'un voyageur éphémère.

A deux heures du matin

C'est à deux heures du matin
Que je rentre péniblement à la maison.
Après quelques bières et deux cigares cubains,
Je ne suis plus qu'un tas inerte perdu de raison.

Je cuve tranquillement cet alcool,
Ce venin qui m'a transporté dans l'au-delà.
Est-ce un crime, est-ce un viol ?
Peut importe, je suis raide allongé et sans voix.

La mort peut enfin venir.
Tant pis si je ne me tolère pas,
Car c'est tout ce que je désire,
La voir qui se tienne devant moi.

Je préfère partir d'ici
Que de devoir subir l'ignorance des hommes.
Tous mes amis sont heureusement partis
Et je reste le seul à croquer la pomme.

Adieu ma famille, adieu mes frères !
Restez donc dans la naïveté !
Laissez-moi pourrir sous la lumière
Et retournez chez vous jouer les comblés.

L'alcool m'a détruit,
Les humains m'ont saoulé,
Je peux maintenant jeter ma tristesse dans un puits
Et ouvrir les yeux sur des terres inviolées.

Ceci est la fin de soirée
Et au diable toute autre idée.
Si cela ne vous plaît pas
Allez vous plaindre vers vos papas.

Petit portier,
Gardien de la nuit,
Surveillant des plaisirs nocturnes.

Ne touche pas ces spectres

Ne touche pas ces spectres,
Ne les regarde pas,
Oublie donc ces traîtres
Et va ! va ! va ! Et va !

Le manoir est loin,
Ses portes sont fermées
Mais pas pour les siens
Car se sont tous des initiés.

Rejoins-moi !
Rejoins-moi !
Oublie-toi !
Pense pas !

Tu ne sais plus quoi dire,
Tu ne sais plus quoi faire,
Il vaut mieux partir
Mais ne jamais se taire.

Laisse-toi donc guider,
Donne-moi ta main,
Ne sois pas effrayé,
Ce n'est que ton destin.

Rejoins-moi !
Rejoins-moi !
Abandonne-toi !
Pense pas !

La canicule s'installe,
La terre se craquelle,
L'eau devient or.

L'astre fuit derrière la montagne,
Offrant à mes yeux une fusion dans le ciel,
Je repense à ces années de bagne
Qui m'ont fait oublier le goût du miel.

Phare de l'espoir

C'est au phare de l'espoir,
Repaire éternel des exilés,
Que je viens pleurer chaque soir
Devant cette ville inanimée.

Tout est au rendez-vous.
Cygnes de lumières,
Vagues s'écrasant sur les cailloux
Et au loin cette ville qui ferait mieux de se taire.

Qui apaisera donc ma colère ?
Qui pourra m'apporter la solution ?
Ce ne sera certainement pas sur terre,
Que j'accéderai à l'élévation.

Toujours cette ville devant moi,
Cette ville remplie d'ignorants.
Écoutez donc ma voix
Et arrêtez de jouer les savants.

Une fois mes larmes essuyées,
Je repars comme chaque soir, brisé.
Évidemment je reviendrai demain,
Pour encore espérer et chercher le chemin.

Les dieux m'ont arnaqué,
Ils m'ont vendu une vie sans valeur.

Poésie, le plus beau fantasme humain

Poésie, le plus beau fantasme humain,
Les mots s'enchaînent au rythme de la vie,
Les émotions dansent au-dessus du parchemin,
Tout n'est qu'orgasme et rêverie.

Ecrire ! Ecrire ! Ecrire !
Commencer dans le nouveau du jour
Où tout est fraîcheur et velours,
Puis finir la nuit dans un angoissant fou rire.

Célébration de l'amour rencontré un soir.
Au détour d'une page blanche,
On met tout son cœur et plein d'espoir,
En gardant toujours un as dans sa manche.

L'enfant du néant

C'est de ce monde voué à la mort
Qu'un sombre homme s'en va.
Il n'a ni amour, ni gloire, ni or
Mais pourtant lui seul est las.

Il peut voir la nouvelle dimension
Mais les gens de ce monde ont perdu la vue.
Devant tant d'ignorance, il a quitté la civilisation
Et maintenant, il ère dans les rues, incompris, blessé, perdu.

Pourra-t-il voir les fées ?
Pourra-t-il résoudre le passé ?

Ce n'est qu'un jour de plus, un jour de vie en plus.
Chaque soir il se retrouve seul dans sa chambre,
Cette chambre qui l'étouffe petit à petit.
C'est comme si les murs se rapprochaient,
Chaque jour un peu plus.

Quand il repense à la journée consumée,
Ce n'est qu'un défilé de gens perdus.
Ces gens qui ont été anesthésiés.
Sa haine envers eux est immense et prête à exploser.

Pourra-t-il voir les fées ?
Pourra-t-il résoudre le passé ?

Sa vie n'est que misère et humiliation.
Tous ces humains qui s'exposent comme de la marchandise
périmée.
Ils vivent dans le brouillard, dans l'ombre de leurs rêves et de
leurs passions,
Ils ne savent pas que tout n'est qu'illusion.

Nous cherchons la fin du chemin alors qu'il n'existe pas de départ.

La fin doit venir nous prendre comme elle nous a déposés sur
ce triste monde.

Le bonheur et la joie de vivre n'existent pas pour ceux qui ne se mentent pas
Et qui osent ouvrir les yeux face à cette grande illusion qu'est la vie.

L'été est né dans ses yeux

Quand le corps devient terrain de guerre
Par des sentiments fous en transe,
Qui fissurent l'esprit comme le verre
Et donnent au cœur sa dernière danse.

C'est alors qu'à l'approche de la nuit,
Quand les yeux des riverains se ferment,
Je me retrouve face à la pluie,
Pour sentir le bouillonnement de mon épiderme.

A la recherche du satori,
Je me suis engouffré dans les rues sombres,
Tel un ange blessé, perdu, incompris…
Traînant derrière moi péniblement mon ombre.

En la regardant un soir,
Elle charma mon âme de bohème.
Moi qui n'avais plus d'espoir,
Je vis dans ses yeux naître le plus beau des poèmes.

A présent que le puzzle est à nouveau formé,
La douleur peut enfin venir.
L'avenir peut succéder au passé,
Je ne risque plus jamais de fuir.

Nous ne sommes rien !
Nous sommes nés pour mourir !

Nuit de Février,
Sur un banc sous la lune.
Le froid a figé le temps.

Le fou du roi

Je suis le fou du roi,
Je peux faire n'importe quoi.
J'amuse le souverain
De vannes qu'il ne comprend point.

La bourgeoisie se pavane
Dans des banquets ridicules,
Moi je fais juste l'âne
Et subtilise leur pécule.

Mes phrases dénuées de pudeur,
Associées à mes yeux assoiffés,
Font rougir les demoiselles d'honneur
Qui rejoignent mon lit en fin de soirée.

N'est-ce pas là le vrai pouvoir ?
Se moquer de la société
Tout en lui vidant ses tiroirs,
Se faisant nourrir et loger.

Le fou du roi,
Celui qui a tous les droits,
Qui fait n'importe quoi
Mais bien moins fou que le roi.

La liberté de l'esprit passe par la destruction du corps.

Amour mythique

Tu connais le jour de la fin
Et tu cours pour lui échapper,
Mais tes efforts ne servent à rien
Car notre histoire est maintenant du passé.

Ne pleure pas, ne pleure pas plus.
Notre amour était mythique
Et il ne pouvait pas aller plus haut.

Hier nous étions sous la lumière,
Les gens étaient jaloux et ressemblaient à des pantins
Mais aujourd'hui les projecteurs se sont éteints
Et depuis tu es redevenue poussière.

Ne pleure pas, ne pleure pas plus.
Notre amour était mythique
Et il ne pouvait pas aller plus haut.

Il est désormais l'heure de partir,
Tu rentreras chez toi en pleurant mais garde le sourire,
Car n'oublie jamais que tu resteras la plus belle.
Quant à moi je repars dans le monde parallèle.

Ne pleure pas, ne pleure pas plus.
Notre amour était mythique
Et il ne pouvait pas aller plus haut.

La fin du chemin

Agonisant sur le trottoir un soir de janvier,
J'entends tes pas au lointain.
Les larmes de mon cœur blessé,
Annoncent la fin du chemin.

Mon corps se sépare de mon esprit,
Je quitte ce monde insensé
Pour rejoindre celui des poètes incompris
Et enfin goûter à l'éternité.

Viens ! Viens me chercher !

Voilà la fin, ma belle amie la fin, celle qui décide de nos destins.
C'est ici que tout s'arrête et que tout pourra recommencer.
La fin m'emporte dans ses ombres tracées
Et laisse derrière elle une traînée de sang divin.

Viens ! Viens me chercher !
Sors de ta nuit sans fin
Et apporte-moi enfin la liberté.

Ne vivre que pour mourir,
Mourir pour revivre !

L'inconnu

L'inconnu, fruit tant convoité.
Je l'affronte à la tombée de la nuit avec grand espoir.
La route est longue et disparaît dans l'horizon,
Le paysage défile lentement devant mes jeunes yeux
Et malgré le stress, je reste toutefois confiant et déterminé.

L'inconnu, fruit tant convoité.
Je l'affronte à la tombée de la nuit avec grand espoir.

Le guide

Ce n'est que sous ton emprise,
Que mon pouvoir se révèle.
Chaque soir j'attends impatiemment cette prise,
Qui devrait être éternelle.

Casse mes chaînes,
Casse ma vie,
Allume mon chemin !

La douceur d'une fin d'après-midi...
Mille couleurs se mélangent dans le vent,
La mélancolie revient.

Les rêves et l'espoir en son cœur n'existent plus
Car au fil des batailles, dégoût et fatigue les ont eus.
A l'heure où d'autres prennent fusils et cannons,
Lui il pose papier et crayon.

Table